Katharina Wilhelm

Die Weihnachts- geschichte

Illustrationen von Tina Nagel

Kaufmann Verlag

Es ist schon viele Hundert Jahre her, da lebte in dem fernen Land Israel in der Stadt Nazareth eine junge Frau mit Namen Maria. Sie war tüchtig und hilfsbereit und freundlich zu jedermann und jeder in der kleinen Stadt mochte sie.

Aber nicht nur Maria war bei allen Menschen in Nazareth beliebt. Auch ihr Verlobter, der Zimmermann Josef, wurde aufgrund seines Fleißes und seiner ruhigen und groß- zügigen Art von allen geschätzt.
Und so war es nicht weiter verwunderlich, dass die Verlobung von Maria und Josef mit einem großen Fest gefeiert wurde, zu dem alle Familienmitglieder, Freunde, Nachbarn und Bekannten kamen, um mit dem Paar gemeinsam zu feiern.

Eines Tages, nicht lange nach der Verlobungsfeier, saß Maria an einem warmen Nachmittag im Garten und bereitete das Abendessen vor. Die Sonne stand tief am Himmel und blendete die junge Frau, sodass sie im ersten Moment glaubte, das Licht würde ihr einen Streich spielen. Doch auch nachdem Maria sich verwundert die Augen gerieben hatte, verschwand die Gestalt nicht.

Maria blinzelte. Konnte es wirklich sein? Vor ihr stand ein Engel Gottes.

„Ich grüße dich, Maria von Nazareth", sagte der Engel und neigte leicht den Kopf. „Fürchte dich nicht vor mir, denn ich bringe dir eine frohe Botschaft. Gott, der Herr, hat dich unter allen Frauen auserwählt. Du wirst ein Kind zur Welt bringen, das du Jesus nennen sollst. Und dieses Kind wird Gottes Sohn sein."

Maria war erschrocken über die Worte des Engels, aber sie wollte gerne tun, was ihr Gott befohlen hatte.

Und es kam, wie es der Engel verkündet hatte – Maria wurde schwanger. Die Monate vergingen und Marias Bauch wuchs und wuchs. Das Laufen und Arbeiten wurde immer anstrengender, aber das machte der jungen Frau nichts aus. Jeden Abend, bevor sie einschlief, strich sie sich über den Bauch und freute sich darauf, Jesus bald in den Armen halten zu können.

Doch kurz bevor Maria ihr Kind zur Welt bringen sollte, kam ein Bote des römischen Kaisers Augustus nach Nazareth. „Hört her, hört her", rief er laut. „Auf Befehl des Kaisers sollt ihr alle in die Stadt gehen, in der ihr geboren wurdet. Dort lasst ihr euch auf eine Liste eintragen, damit der Kaiser weiß, wie viele Menschen in seinem Land leben. Wartet nicht, sondern macht euch sofort auf den Weg!"

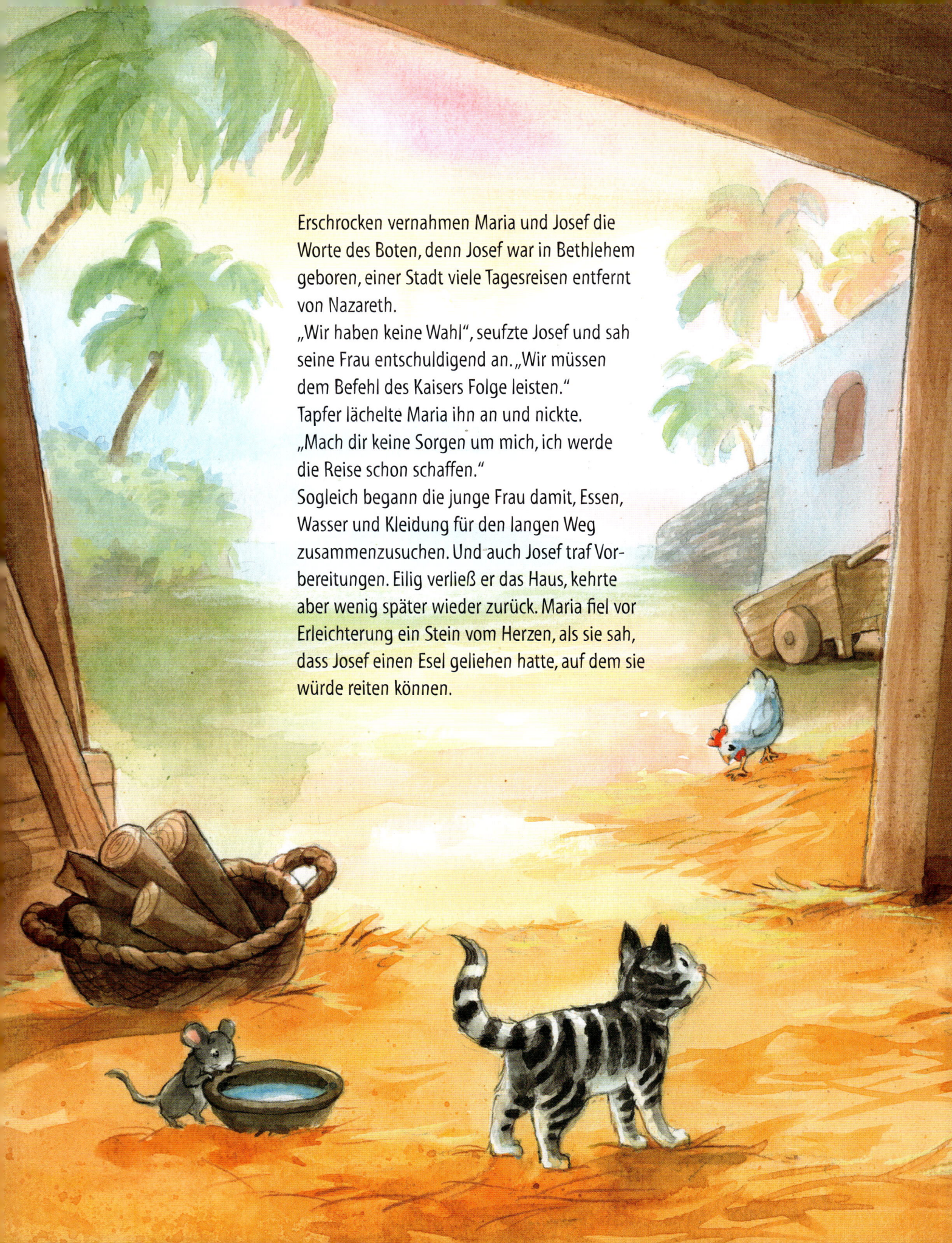

Erschrocken vernahmen Maria und Josef die
Worte des Boten, denn Josef war in Bethlehem
geboren, einer Stadt viele Tagesreisen entfernt
von Nazareth.

„Wir haben keine Wahl", seufzte Josef und sah
seine Frau entschuldigend an. „Wir müssen
dem Befehl des Kaisers Folge leisten."

Tapfer lächelte Maria ihn an und nickte.

„Mach dir keine Sorgen um mich, ich werde
die Reise schon schaffen."

Sogleich begann die junge Frau damit, Essen,
Wasser und Kleidung für den langen Weg
zusammenzusuchen. Und auch Josef traf Vor-
bereitungen. Eilig verließ er das Haus, kehrte
aber wenig später wieder zurück. Maria fiel vor
Erleichterung ein Stein vom Herzen, als sie sah,
dass Josef einen Esel geliehen hatte, auf dem sie
würde reiten können.

Der Esel war wirklich ein Geschenk des Himmels, dachte Maria, als sie bereits seit zwei Tagen unterwegs waren. Der lange Weg, der sie über Stock und Stein, Hügel und Ebenen führte, war sehr anstrengend – obwohl Maria die meiste Zeit auf dem Esel reiten konnte. Nicht auszudenken, wie beschwerlich die Reise ohne den treuen Esel geworden wäre.

Doch Maria beklagte sich nicht, sondern ertrug das Ruckeln und Rumpeln auf dem Rücken des Tieres. Und als sie einige Tage später in der Ferne die Stadt Bethlehem sehen konnten, zeigte sich das erste sorgenfreie Lächeln auf dem Gesicht der jungen Frau.

Sie hatten es geschafft – endlich waren sie in Bethlehem angekommen. Und nicht einen Tag zu früh, denn Maria spürte, dass ihr Kind bald auf die Welt kommen würde.

Sobald sie die Stadt Bethlehem betreten
hatten, ließ sich Josef auf der Liste eintragen – so wie es der Kaiser befohlen hatte.

Maria wartete geduldig und rieb sich immer wieder
den schmerzenden Rücken. Es war höchste Zeit, dass
sie eine Herberge fanden, damit sich die junge Frau
ausruhen konnte. Aber egal, wo Maria und Josef auch
klopften und um Unterschlupf baten, sie wurden abge-
wiesen. Zu viele Menschen waren auf Befehl des Kaisers
in die Stadt gekommen und keine Herberge hatte
mehr ein Zimmer oder Bett frei.
„Bitte, meine Frau ist hochschwanger", sagte
Josef immer wieder und hoffte, das Mitleid
eines Gastwirts wecken zu können,
doch es schien vergeblich.

Maria war den Tränen nahe. Musste sie eine weitere Nacht im Freien schlafen und womöglich das Kind unter den Sternen zur Welt bringen?

Da tippte eine Frau Josef von hinten auf die Schulter. „Ich habe gehört, dass ihr eine Herberge sucht. Leider ist bei uns kein Platz mehr, aber wir haben am Stadtrand einen Stall, in dem ihr übernachten könnt."

Dankbar nahm Maria die Hände der Frau und küsste diese.

„Dich hat der Himmel gesendet", sagte sie. „Ich weiß gar nicht, wie ich dir danken soll."
Die Frau winkte ab: „Das ist gar nicht nötig. Ich habe selbst Kinder und weiß genau, wie du dich fühlst."
Dann holte die Frau eine Laterne und führte Maria und Josef zusammen mit ihrem Esel zu dem Stall.
„Hier habt ihr es warm und ruhig", versprach sie.

Während Josef Heu und Stroh auf dem Boden zusammenschob und eine Decke darüber ausbreitete, sah sich Maria in dem kleinen Stall um. Ein großer brauner Ochse stand vor ihnen und kaute genüsslich sein Abendessen. Stören ließ er sich dabei von dem unerwarteten Besuch nicht, streckte Maria aber bereitwillig den Hals entgegen, als sie ihn zur Begrüßung kraulte.

Nachdem Josef das Nachtlager für seine Frau gerichtet hatte, legte sich Maria hin und fiel schnell in einen traumlosen Schlaf.

Wenige Stunden später wachte sie auf, da sie spürte, dass ihr Kind nun zur Welt kommen würde. Josef half seiner Frau, so gut er konnte, und bald schon hielt Maria ihr Kind in den Armen. „Sieh nur, Josef. Ein Junge – genau wie es der Engel gesagt hat." Josef küsste Maria und rieb dann vorsichtig einen Finger über die weiche Wange des Kindes. „Willkommen, kleiner Jesus."

Zur gleichen Zeit lagerten in der Nähe von Bethlehem einige Schafhirten mit ihrer Herde auf einer Weide. Es war Nacht und nur das Knistern des Lagerfeuers und das gelegentliche Blöken eines Schafes durchbrach die Stille.

Der älteste Hirte Jeremiah war gerade dabei einzudösen, als am Sternenhimmel ein helles Licht erschien, das immer größer und größer wurde und schließlich die Gestalt eines Engels annahm. „Fürchtet euch nicht", rief der Engel. „Sehet, ich verkündige euch eine große Freude, denn euch ist heute der Heiland geboren, der Sohn Gottes. Ihr werdet das Kind in Windeln gewickelt und in einer Krippe liegend finden."

Da kamen noch weitere Engel, die sangen: „Ehre sei Gott in der Höhe." Und dann war es plötzlich wieder still und dunkel. Nur das Knistern des Lagerfeuers war zu hören. „Lasst uns nach Bethlehem gehen und das Kind suchen", sagte Jeremiah. Und sogleich machten sich die Hirten mit ihrer Herde auf den Weg.

In einem weit entfernten Land beobachteten drei weise Männer, dass am Nachthimmel ein neuer, hell leuchtender Stern aufgetaucht war.

Aufgeregt berieten sich die Männer, was dieser wohl zu bedeuten hatte.

Da sagte Melchior: „Der Stern verkündet, dass ein neuer König geboren wird, der der Welt Liebe und Frieden bringt."

„Wir sollten dem Stern folgen und den neuen König begrüßen, so wie es sich gehört", sagte Kaspar.

„Ja", stimmte ihm Balthasar zu. „Mit Geschenken, die eines Königs würdig sind."

Und so sattelten die drei Sterndeuter ihre Kamele und folgten dem Licht des Sterns, der ihnen den Weg bis nach Bethlehem leuchtete.

Schließlich endete die Reise der weisen Männer vor einem unscheinbar aussehenden Stall, über dem der Stern hell funkelte.

„Hier sollen wir den neuen König finden?", fragten sie sich verwundert.

Leise betraten die drei weisen Männer den Stall und fanden im
Inneren Maria, Josef und das Kind, das in Windeln gewickelt in
einer Krippe lag und schlief. Ein Ochse und ein Esel standen neben
ihnen und beobachteten die vielen Menschen neugierig. Denn nicht nur
die drei weisen Männer waren gekommen, um das Kind zu begrüßen, auch
einige Hirten standen vor der kleinen Familie.
Respektvoll neigten Kaspar, Melchior und Balthasar die Köpfe vor den Anwesenden,
dann knieten sie vor dem Kind in der Krippe nieder und legten die mitgebrachten
Geschenke vor es: Myrrhe, Gold und Weihrauch.
Maria und Josef hörten genau zu, als die weisen Männer von dem hellen Stern, der
ihnen den Weg gedeutet hatte, erzählten und die Hirten von der Verkündigung
des Engels berichteten. Die Männer priesen Gott für das Wunder, das sie
miterleben durften, und versprachen, die frohe Nachricht von Jesu
Geburt überall zu verkünden.
Maria dankte ihnen, merkte sich die Worte, die der Engel zu
ihnen gesagt hatte, und behielt sie in ihrem Herzen.

Bibliografische Information der Deutschen Bibliothek
Die Deutsche Bibliothek verzeichnet diese Publikation in der Deutschen Nationalbibliografie;
detaillierte bibliografische Daten sind im Internet über http://dnb.ddb.de abrufbar.

6. Auflage 2025
©2020 Verlag Ernst Kaufmann GmbH, Alleestraße 2, 77933 Lahr
info@kaufmann-verlag.de

Druck und Bindung: PNB Print
ISBN 978-3-7806-6393-1